ISBN 978-3-935735-76-6
Edition Kalk – Verlag der Buchhandlung Winfried Ohlerth
© Alle Rechte vorbehalten

Redaktionelle Bearbeitung: Winfried Ohlerth
Layout: Beatrice Hintermaier

Printed in EU

Ein Leben im Habes

Dieses Buch widme ich
allen Freunden in der Slowakei.

Bruder Lukas Ruegenberg

Wenn die Freunde aus Köln mit dem Bus über diesen Hügel gefahren kommen, sind sie schon 1.300 Kilometer unterwegs. Seit Monaten haben sie sich auf diese Fahrt gefreut. In der Ferne sehen sie die blauen Berge und wissen, dass dahinter das Land Ukraine beginnt. Vor den Bergen, hier in der Slowakei, liegt, eingebettet in grüne Felder, eine kleine Stadt. Die heißt Secovce.

Vor Jahren aber haben sie hier in der Nähe ein ganz armes Dorf, den Habes, entdeckt. Die Menschen, die dort leben, sind Roma und haben eine dunkle Haut.

Die Freunde aus Köln fahren mehrmals im Jahr zu den Roma im Habes. Als sie zum ersten Mal deren ärmliche Häuser sahen, sagten sie zu einander: „Da müssen wir etwas tun".

Und so lernten sie auch nach und nach die Leute hier kennen.

Einer der Bewohner des Dorfes ist Djudju, der eigentlich Emerich heißt.

Das Romadorf besteht aus vielen selbstgebauten, kleinen Häusern. Es gibt auch drei Betonhäuser mit mehreren Etagen. In einem dieser Häuser lebt Djudju mit seiner Familie.

Als Djudju noch in die Schule ging, hatte er sich vorgenommen, im Leben etwas zu werden. Was – das wusste er noch nicht, aber das wussten die meisten hier im Habes auch nicht. Viele lebten in den Tag hinein. Da gab es hier und da etwas zu sehen, zu erleben oder zu machen.

Der Weg vom Dorf in die Stadt Secovce war ein Weg
voller Hoffnung. Denn in der Stadt lebten andere Leute:
Menschen mit heller Hautfarbe und viel reicher als
die armen Dorfbewohner.

Weil Djudju in einem der Betonhäuser wohnte, wurde er von den anderen Kindern misstrauisch beäugt. Glaubte er vielleicht was Besseres zu sein?

Besonders Mario und Josef hatten es auf ihn abgesehen. Josef konnte Fische mit der Hand im Bach fangen, deshalb nannten sie ihn „Fisch". Und Mario kannte sich gut in der Gegend aus. Er wusste auch, wo man Schrott zum Verkaufen finden konnte.

Wenn Djudju von der Schule nach Hause kam, musste er das Zimmer aufräumen, was er nur ungern tat.
Er hatte noch drei Geschwister, aber er war der Älteste. Mit seiner Schwester Maria verstand er sich am besten. Auch sie half zu Hause mit. Wenn die Mutter am späten Mittag nach Hause kam, war sie mit Einkaufstaschen beladen. Die Mutter arbeitete beim Metzger im Ort. Geld bekam sie nicht dafür, aber Fleisch zum Essen für die Familie. Bei Ankunft der Mutter war schon alles vorbereitet, und sie konnten dann bald gemeinsam essen.

Djudju legte sich häufig ins Fenster und schaute von oben in den Habes hinunter. Das war viel interessanter für ihn als die Hausarbeit. Und immer waren da unten auch Mario und „Fisch".

Der Bürgermeister im Städtchen hieß Josef.
Er ließ sich oft im Habes sehen.
Ihn machte es traurig, dass die Roma dort so
arm waren. Josef hatte ein gutes Herz, und
bei den Besprechungen im Rathaus überlegte
er mit seinen Leuten, wie er helfen könnte.

Es gab im Habes auch einen Pfarrer.

Und wenn die Freunde aus Köln kamen,
hatten die Kinder Spaß, weil es immer
etwas zu schauen gab.

Wenn Djudju aus dem Betonhaus nach unten in den Habes kam, erwarteten ihn schon Mario, der „Fisch" und die anderen.

Djudju wurde von ihnen gemustert, ob er wohl in Ordnung wäre. Es war nämlich so: Im Habes gab es kaum Wasser, weil die Pumpen häufig kaputt waren. Dann mussten die Kinder Wasser aus den Leitungen in dem Betonhaus holen, aber sie mussten das Wasser auch bezahlen.

Von dem Geld hatte Djudju zwar nichts, aber er lebte
ja in dem Betonhaus. Deshalb waren die anderen
Jungen gegen ihn eingestellt. Aber ihre Pöbeleien
hielt er aus, und die anderen Jungen merkten bald,
dass er wohl in Ordnung war.

So taten sie sich zusammen und durchstreiften
den ganzen Ort und seine Umgebung.

Mario und der „Fisch" kannten alle Wege, und Djudju fand es spannend, wohin die beiden ihn überall mitnahmen und wen sie im Dorf kannten.

Nur zwei Häuser weiter lebte Tobit. Wie viele hier hatte auch
Tobit seine eigene Art, um an Geld zu kommen. Er sammelte
allerlei Orden von Kriegen aus verschiedenen Ländern.
Von Tobit ging etwas Geheimnisvolles aus. Er konnte den
Leuten ordentlich was weismachen, welchen Wert diese
alten Orden hätten.

Neben Tobit wohnte der Korbmacher Slawek. Der schaffte es,
in zwei Stunden einen Korb zu flechten. Er verkaufte sie an die
Autofahrer vorn an der Straße.

Hinter den Häusern vom Habes kamen die Jungen bei ihren Streifzügen auf die Felder, durch die sich der Bach Tarmava schlängelte. Wenn sie hier ankamen, wurde der „Fisch" ganz aufgeregt. Meist dauerte es nicht lange, da hatte er schon hinter einem Stein einen Fisch gegriffen. Stolz trugen sie den Fisch dann zu ihrem Holzfeuer, brieten ihn und ließen sich die Mahlzeit schmecken.

Die Leute im Habe verbringen ihre Tage in großer Armut. Und dann kommt es vor, dass einer seine Sorgen vergessen will und die

Gitarre herausholt. Bald erscheint noch
ein zweiter, und es dauert nicht lange, dann
singen und tanzen sie.

Und wenn dann auch die schöne Kweta
dazukommt und ihre Lieder singt,

dann sind sie bald umringt von all den anderen.
Sie singen und tanzen bis in den Abend hinein.

Opa Iwan wird geholt, denn er soll Geschichten aus dem Krieg erzählen und vor allem – was die meisten interessiert – er soll erzählen, wie es hier früher im Habes war. Opa ist so alt, dass er davon erzählen kann, wie damals

die Roma nicht in der Stadt wohnen durften und wie man sie auf die Wiese weit vor der Stadt geschickt hat. Mario und der „Fisch" stehen ganz dicht bei Opa Iwan und hören gespannt zu.

WIE ES FRÜHER HIER WAR

Der alte Iwan erzählt, wie die Roma mit Pferd und
Wagen in die Stadt Secovce kamen. Es waren ganz
viele, und woher sie kamen, das wusste niemand.

Die Stadtväter beschlossen, dass die Roma sich
nur auf der Wiese vor der Stadt niederlassen dürften.
In der Stadt zu wohnen, das verboten sie ihnen.
Dieses Wiesengelände, das zum Dorf wurde, nannten
sie dann Habes.

Nun entstanden viel kleine Häuschen auf der Wiese. Jede Familie richtete sich dort ein. Sie hatten viel Platz. Die Pferde konnten grasen, und es wurde für viele ein schönes Leben.

In die Stadt durften nur die gehen, die eine Arbeit hatten. Auf dem Markt verkauften die Frauen Pilze, und auch der Kesselflicker und der Korbflechter saßen dort, um ein wenig Geld zu verdienen. Das alles ist aber schon sehr viele Jahre her.

Wenn Djudju abends im Bett lag und seine Schwester und sein Bruder schon eingeschlafen waren, und es im Habes still geworden war und nur noch in der Ferne ein paar Hunde bellten, dann wurde es auch still im Herzen von Djudju. Er schaute in den Himmel über dem Habes und träumte davon, ein großer Fußballer zu werden. Er träumte davon, Tore für seine Mannschaft zu schießen und als Sieger den Pokal zu gewinnen. Dazu aber – das wusste Djudju – musste er viel trainieren.

Am Ende des Dorfes, wo die Hütten aufhörten und wo der Bach Tarmava floss, gab es ein größeres Feld, wo nicht so viele Steine lagen und wo auch die Großen schon Fußball gespielt hatten. Hier traf sich Djudju mit seinen Freunden. Sie holten aus einer Hütte ihren

Fußball, auf den der alte Geschichtenerzähler aufpasste, denn auf ihn konnte man sich verlassen. Sie spielten auf diesem Feld sehr oft. Sonst war ja dort nichts los. So wurden sie von Mal zu Mal besser – wenn auch richtige Tore mit Pfosten und Netz fehlten und mancher Spieler keine Schuhe besaß.

Djudju hatte sich das Fußballspielen in den Kopf gesetzt. Seine Mutter aber hoffte, dass ihr Sohn eines Tages auch einmal beim Metzger arbeiten würde. Djudju saß viel im Treppenhaus seines Betonhauses, um sich das Gerede der Mutter nicht immer anhören zu müssen.

Eines Tages kam ein Mädchen
aus Koice, einer großen
benachbarten Stadt. Das
Mädchen hieß Salina und
wollte Verwandte im
Haus besuchen. Sie
musste an Djudju
vorbei, und beide
blieben stehen
und schauten
sich an.

Die Mutter erlaubte
dann auch, dass
Salina mit in ihre
Wohnung kommen durfte.

In der nahen Stadt hatte es sich herumgesprochen, dass im Habes Fußball gespielt wurde. Das kam auch dem Bürgermeister Josef zu Ohren. Er hatte den Wunsch, dass die Jungen der Stadt zu einer guten Mannschaft wurden. Deshalb besuchte er im Habes ein Fußballspiel.

„Das sind gute Jungen", sagte er. „Die können wir brauchen."

Nach dem Spiel holte er sich den Torwart. Das war Djudju.

„Wenn du willst", sagte der Bürgermeister zu Djudju, „kannst du mit in unserer Mannschaft spielen."

Fortan spielte Djudju nicht mehr nur im Habes. Der Bürgermeister hatte ihn als Torwart in die Mannschaft der Stadt eingereiht. Eines Tages fuhren sie zu einem

großen Turnier in die Stadt Koice, auf einem richtigen Fußballplatz mit richtigem Rasen. Die Spieler von Josef spielten wie die Teufel, und Djudju hielt fast jeden Ball.

Die Mannschaft aus Secovce bekam den Siegespokal, und auch Djudju wurde sehr geehrt. Denn alle wussten, wenn Djudju nicht im Tor gestanden hätte, hätte es nicht so gut für die Mannschaft ausgesehen. Der Bürgermeister Josef überreichte Djudju den Pokal.

Und da kam auch seine
Frau Salina herbei.
Im Kinderwagen brachte
sie ihr erstes Kind mit.

DJUDJU

Diese Geschichte ist fast nicht erfunden.
Djudju hat sie selbst erzählt, als einmal die
Freunde aus Köln im Habes waren.
Sie waren neugierig zu erfahren, was sich
alles im Habes ereignet hat und wie viele
Geschichten – traurige und schöne – es
dort unter den Menschen gab, die man
dort „die Schwarzen" nennt und einfach
nur Roma sind.